소녀의 첫사랑

2024년 5월 20일 1판 1쇄 발행

지은이 · 최인자
펴낸이 · 유정숙
펴낸곳 · 도서출판 등
기　획 · 유인숙
관　리 · 류권호
편　집 · 김은미, 김현숙

ⓒ 최인자 2024

주　소 · 서울시 노원구 덕릉로 127길 10-18
전　화 · 02.3391.7733
이메일 · socs25@naver.com
홈페이지 · dngbooks.co.kr

정 가 · 12,000원

소녀의 첫사랑

최인자 시집

| 시인의 말 |

저의 시와 눈 맞춤하시고
좋은 여운으로 남길

　나뭇가지에 걸쳐 앉았던 바람 내려와 움츠렸던 작은 뜰에 말을 건넵니다. 어루만져 줄 테니 싹을 틔워 보라고 살짝 건드립니다. 햇살도 다독이며 용기 내어 보라고 거들며 등을 떠밉니다.
　70여년 삶의 여정을 돌아보니 빈 손이 너무 아쉬워 고희를 맞아 틈틈이 써오던 어줍잖은 글들을 만지작거리다 자신감을 보태 첫 시집을 낼 엄두를 내었습니다.
　방송대학 시인 학우님의 인연으로 가천대학 시창작반에 등록하며 문학과 사랑의 품이 넓으신 문복희 교수님을 만나 시문학이란 씨앗의 밑거름을 듬뿍 받는 행운을 누렸습니다.
　부족하고 민망하지만 누군가의 할애하시는 시간에 저의 시와 눈 맞춤하시고 좋은 여운으로 남길 바랍니다.

시집 출간에 여러모로 길잡이가 되어 주신 문복희 교수님께 깊은 감사드리고 편집에 애쓰신 유정숙 편집장님도 수고 많으셨습니다.

또한 사랑과 관심을 주신 문우님들과 동료들, 친구들에게 감사하며 언제나 용기와 힘을 북돋아 주는 사랑하는 가족들에게도 감사하며 이 모든 분들께 행운이 함께하길 기도드립니다.

2023년 5월
최인자

[차례]

시인의 말 · 04
서평(문복희_시인, 가천대교수)··154

PART 1 책갈피 속 추억

소녀의 첫사랑 / 12
단잠 자는 아들 /14
빨래터 1 / 16
든든한 나무들 / 17
엄마의 손맛 / 18
솜씨와 맵시 / 20
막걸리 / 21
탈상 / 22
산아 제한 / 24
고희 / 26
큰댁 설날 / 27
박사희 여사 / 28
동아줄 / 29
한 / 30
나란히 잠들다 / 32
책갈피 속 추억 / 34
외숙모 / 36
시골 부엌 / 37
백발 멋쟁이 / 38
여고 시절 / 40

PART 2 달맞이꽃

그믐달 / 44
한국의 멋 / 46
묘한 정 / 48
김장하는 날 / 49
비껴간 운명 / 50

비운의 상왕 / 52
워낭 소리 / 54
귀남 / 55
달맞이 꽃 / 56
세월 / 58
추석 전야 / 59
늦깎이 배움 / 60
역행 / 61
봄날 / 62
요양원 1 / 64
요양원 2 / 65
집 앞 같은 낯선 길 (치매 1) /66
만근의 추 (치매 2) / 67
소싯적 그 자리 (치매 3) / 68

불면증 / 70
솔향과 찻집 / 72
작은 음악회 / 73
여우비 / 74
태동 / 75

PART 3 나의 반쪽

큰댁 제삿날 / 78
하늘의 교훈 / 80
깨달음 / 81
의식의 변화 / 82
코로나 바이러스19 / 84
기다림 / 86
적십자 / 88

장기기증 / 89
느낌이와 나리 / 90
포용 / 92
화려한 입 / 93
작은 풍요 / 94
커피의 마력 / 96
숙성된 마음 / 98
볼모지의 씨앗 / 99
동네 거리 / 100
망태기 / 102
분신 / 103
바람막이 나무 / 104
빈자리 / 105
콩나물 국밥 / 106

나의 울타리 / 107
또 가는구나 / 108
오늘따라 / 110
나의 반쪽 / 111
유산 / 112
피로 회복 / 113
시간 싸움 / 114

PART 4 **달빛친구**

동행 / 118
도토리 키 재기 / 120
닮았다 / 121
연애 세포 / 122
무거운 하루 / 123

바다의 손짓 / 124
추암 바다 / 125
해돋이 / 126
외갓집 담장 / 128
사랑하는 동생 / 130
들꽃 / 132
채송화 / 134
소금꽃 / 135
빨래터 2 / 136
수국 / 137
비와 빗소리 / 138
집어등 불빛 / 139
눈 / 140
물안개 핀 실개천 / 142

대지의 아픔 / 143
복수초 / 144
바다의 원혼들 / 145
탄생 / 146
봄을 그리며 / 147
사계 / 148
눈 감으면 보인다 / 150
달빛 친구 / 152

PART 1

책갈피 속 추억

소녀의 첫사랑

15살 해맑은 소녀
어느 여름 날 동틀 무렵
비몽사몽 아련히 다가오는 빗소리
달콤한 낭만을 부르는 세레나데

올망졸망 동그라미 그리며
저며오는 가슴에 뿌리를 내리고
하얀 여백 가만히 물들이며
비와 소녀는 첫사랑에 빠진다

풍요와 여유의 시공간 아침마당
품이 넓은 항아리 빚어내고
마음은 가지런히 빗속을 걷고 있다

단잠 자는 아들

블랙홀에 빠진 달콤한 숙면
옆사람은 뒤척인다

드르렁 꺼억 꺽 푸 울풀
음정 박자 소리
다양한 장르를 넘나든다

달빛에 반사하는 편안한 아들 모습
둘까 말까 망설이다 못내 참고 툭 친다

번쩍 뜬 놀란 눈
아니라고 손사래 친다
나는 증빙 자료로
폰의 녹음 버튼을 누른다

빨래터 1

시냇물 지줄대며 밤낮없이 흐르던 곳
논과 도랑 사이 버드나무 늘어진 둑
빨래하는 아낙네들 엄마 따라온 아들
아들은 논에서 메뚜기와 술래잡기하네
잡힌 메뚜기 주전자 안에서 이리저리 좌충우돌
먹물보다 캄캄한 세상 숨 막히는 공간
뛰고 날게 해달라고 성토하네
한 발짝 늦은 걸음 빨랫돌 기다리며
오랍드리 소식 주고받는 수다 끝이 없네
화풀이하듯 거친 빨래 방망이 소리
근심걱정 털어 내고 어제의 시름 사라지네
발길을 살짝 돌려 도랑 옆 미나리 밭에 앉았다
잠깐 수고로 거덜난 미나리 밭
메뚜기 조림과 미나리 나물 무침으로 변신
저녁 밥상 위 분주한 젓가락에 웃음이 내린다

든든한 나무들

반듯하고 올곧게 자란
네 그루 나무들
자식의 도리 백을 줘도 모자라네

덕분에
뜰 안에서 찾은 즐거움
만끽하는 안방 지킴이
오늘에 감사하며
작은 미소 짓는다

엄마의 손맛

겨울의 별미 청국장
선조의 지혜가 밥상에 오르고
가마솥과 아궁이의 불맛이 어우러진
푹 무른 콩밭의 소고기인 단백질 덩어리다

유익균 번식하고 발효시키기 위해
마굿간 순둥이의 식량 볏짚 한 줌과
아랫목 이불 밑에서 며칠을 찜질한다

뚝배기에 비친 엄마 얼굴
추억의 시골맛이 이 방 저 방 문턱을 넘는다

구수한 냄새 침샘을 자극하지만
냄새의 흔적을 퇴치하는 일은 옥의 티다

솜씨와 맵시

우리 고유의 얼이 담긴 고유 의상 한복

고매한 곡선과 자연을 닮은 색채미

배레선 도련의 곡선 동정

앙증맞은 섶 코의 정교함

선의 흐름과 조화

선조의 미적 감각이 돋보이며

솜씨가 맵시로 살아나네

걸음걸이의 율동적인 자태

우아한 아름다움의 물결

넉넉한 품 여백의 미

한 땀 한 땀 담아낸 수려한 화폭

막걸리

무르익은 곡물의 풍미
톡톡 터지는 항아리 속의 기포
앉은뱅이 술 전통주가 빚어진다

묵은 친구와 양은 주전자
고즈넉한 저녁 피로주 한 사발
주거니 받거니 부어라 마셔라

목젓을 타고 온몸에 퍼지는 전율
은근히 취하는 묘한 맛
이 풍진 세상을 한 몸에 안고
주룩주룩 추녀 끝 빗소리
주모에게 주전자 건넨다

탈상

인명은 재천이라 하였던가
조물주의 오류 난 설정

에둘러 갈 수도 쉬어 갈 수도 있는 길
여전히 아무일 없는 듯 살아가고 있는 무념의 여인
뜬구름에 몸을 맡긴다

청실 홍실로 엮은 40여년의 여정
미운 정 고운 정으로 쌓은 만리장성
쌍용 유니폼이 잘 어울린
상방댁의 든든한 파수꾼

기둥이 사라진 텅빈 섬
빠지지 않은 주춧돌 위에 뿌리를 이어가며
기다림의 문고리를 풀어놓는다

양지에서 고왔던 지난 세월
아련히 멀어져 가는 망각이 두렵다
미물의 부족한 지혜 서리 내린 가슴
백발로 그 파란을 잠재운다

5년 탈상
미련과 아쉬움의 빗장 풀고
회한의 눈물 신음 소리 거두리

산아 제한

남존여비 남아선호 사상
대대손손 이어야 하는 뿌리

전쟁 이후의 빈곤과 기근
과잉 인구의 식량 부족
산아제한이란 수단으로 입을 줄였다

반백 년도 내다보지 못한
실패한 설계가 저출산이란 어둠을 남기고
역사의 현장에서 사라진다

출산 기피하는 젊은이들
초고령화로 늘어나는 노인들
부양해야 하는 무거운 어깨 경제적 부담
비혼주의자 딩크족이란
이상한 문화가 자리매김해간다

딸 바보 아빠들
비행기 태워 주는 딸들

잘 키운 딸 열 아들 안 부럽다
아기 울음 소리 미래의 희망
산아제한에서 출산장려로 바뀐 표어
칠순을 앞둔 노인 격세지감 느낀다

고희

뒤돌아보니 까마득한 여로
강산이 칠십 번 변하여
쌓이고 쌓인 낙엽이 세월이더라

20여년 한지붕 곱디 고운 시어머니
깊으신 정에 감사하고
파릇파릇 싱그러운 발걸음
당신과 나의 분신들 무한창대하니
이 또한 고맙고 감사할 일이네

과욕을 비운 자리 귀한 인연 채워 주고
알콩달콩 6명의 병아리 치마폭에 안겨주니
여유와 풍요가 나풀거린다

나머지 여정
지난 봄 미련 없이 고운 단풍 물들이고 싶다
늘 비어 있는 한 자리는 그리움이 차지했네

큰댁 설날

정월 초하루
조상님 뵙기를
향내 피워 사우방에 모시고
상다리 휘어지게 제수음식 진설한다

항렬별로 세배 드리고 맞절하며
덕담에 두둑한 세뱃돈
친척 간의 선물 주고받네

고스톱 윷놀이 담소와 TV시청
며느리들의 틈새 휴식
방들마다 하하호호
잔치 분위기 풍년일세

종일 방문하는 친척들과 일가 친지들
주과상 준비에 껌딱지가 된 앞치마
며느리의 설날은 항상 남의 설날이다

박사희 여사

지덕을 갖춘 고매한 품성
꽃다운 나이 16세 혼인하여
장씨 가문에 아들 셋을 남겼다
지극한 효심
부모님 기세 후에 3년 상식 올렸으며
생활 신조인 근검절약 안빈낙도의 삶을 살았다

1951년 34세의 젊은 나이에 별세
인명은 재천 무심한 하늘
가슴 메이고 눈물이 앞을 가린다
길이길이 후대에 남길 인품의 향기
몸에 밴 훌륭한 효행은 타의 모범이 되었다

인수당 박사희 여사여
너무나 아쉬운 생애지만
쌓은 공덕 하늘에 닿아
자손이 번창하니 이 또한 복이라
현세를 잊고 영면하소서

동아줄

지난 밤
창문을 뚫고 달빛이 품에 안겼다
달을 품은 여인
구름 사이로 동아줄이 내린다

닻을 놓치고
바다 위에 표류하던 비린내 젖은 육신
검은 파도 넘나들며
멀어진 기대에 포기가 앞선다

희미한 기억의 끝자락에
어렴풋이 그려진 얼굴

버선발로 매달려
놓칠세라 안간힘을 쓴다

한

창경궁 뜰 안 노송은 알까
노송에 걸린 구름인들 알까
피멍 들어 가슴앓이 하는 한 여인의 마음
동빙설한의 겨울도 지나가고 대지가 기지개를 펴며
만물이 파릇파릇 얼굴을 내미는데
봄날을 잃어버린 마음
혹한에 발목 잡혀 맺힌 한으로 뼈마디를 녹인다

가슴에 생채기를 내는 아린 아픔으로 남편을 보내고
가시방석에 앉은 인고의 나날을 참고 견디며
또 두려운 내일의 태양을 맞이한다
영혼이라도 곁에 두고
고봉밥으로 굶주린 배를 맘껏 채우고
숨막히는 좁은 공간에
시원한 바람 한줌 불어 주고 싶다

오호 통제라
꽃다운 청춘아
그 빈자리 무엇으로 채울까

마음에 노잣돈 묻어두고 한시라도 달려가
님의 체온 느끼며 얼싸안고 한껏 울고 싶다

나란히 잠들다

2살 연상의 여인

덕수 이씨와 강릉 최씨의 인연

포근한 인상이 좋아 혼인했다는 미남형 아버지

수려한 앞산 실개천 물소리 기상을 알리는 새들

강원도 임계면 봉산리 병풍 친 산천초목 뒤로하고

칠보조두리에 연지곤지 단장하고 꽃가마에 올랐다

남존여비사상이 짙은 유교 집안

금수저로 태어난 막내 아들

그 옆에서 나무를 흔드는 바람에 고단한 엄마

월급날은 고픈 술 푸는 날

술과 여인네의 웃음소리에 잡힌 발목

이튿날 내민 가벼워진 누런 봉투

바빠진 손발에 한숨소리 더해진다

미운 정 고운 정으로 가지 친 딸 셋 아들 셋

삶의 고락을 같이한 짝꿍세월

백세를 못 채우고 세월 앞에 몸을 눕히고

한 곳만 바라보며 나란히 잠들었다

책갈피 속 추억

빨강 노랑 갈색톤 잡목의 단풍
다양한 갈래로 연출하는 끼쟁이
마냥 잘 차려 입고 뭉개구름과 동행하네
시선 닿는 곳마다 넋을 빼앗기고
행복지수 하늘에 걸리네

화려하게 채색되는 잎사귀의 변신
작아지는 카멜레온
가을의 끝자락에서
바램을 전해 본다
그대의 책갈피에
설레는 추억으로 남고 싶구나

외숙모

동이 트기 전 오래 뜰에
부지런한 중년 여인 잡초와 시름하네
일그러진 대야에 담긴 아침 찬거리
다양한 채소의 공급원인 텃밭
작은 시골 장터이다
호흡 조절하며 입으로 바람 불고
눈물까지 동원해 지핀 장작불
기계화된 듯 정확한 불의 조절
소여물 끓이며 밥 짓는 손은 멀티미디어이다
반찬도 뚝딱 서너 가지 뜸들일쯤
계란찜과 호박잎 솥에 살짝 넣고
아궁이에서 불덩이 몇개 덜어 화로에 담고
된장찌개와 생선구이를 동시에 만든다
웰빙 밥상에 둘러앉은 가족들
환한 미소를 담은 숟가락
오늘도 행복한 하루를 시작한다

시골 부엌

기름과 행주에 잘 길들여진
시멘트 부엌과 가마솥
연기에 그른 세개의 아궁이

바닥 한 구석
싸릿대로 얼기설기 짠 감자 소쿠리
불 쏘시개로 준비된 소나무 갈비
아궁이 불을 다스리는 부지깽이

문턱 하나 사이
여물통을 경계로 한 소 마굿간
가물가물 눈꺼풀이 무거운 부뚜막 위 야옹이

잘 어우러진 시골 부엌이 정겹다

백발 멋쟁이

근엄한 가부장
세월에 희석되고 탈색된 탈가부장

손에 잡은 싸리 빗자루 반사경 된 마당
스쳐간 빗자루 흙냄새 가른다

마당과의 경계석 시멘트 블록 화단
부대끼는 화단 속 꽃들의 자리다툼
장독대 밑 양지바른 곳으로 응급조치하고
굽은 허리 치유하며 하늘 바라기 한다

40대 중반의 왕성한 몸과 마음
직원의 실수를 등에 지고 퇴사한 상사

건너지 못할 강을 건넌 지 수십년
뜬구름에 올라탄 깃털 된 기둥 꽃
서릿발 녹이는 백발 멋쟁이

여고 시절

2차선 아스팔트 좌측 통행
싱그러운 아침 미래의 꿈
여고생들이 줄지어서 행진한다
곤색 교복에 풀 먹인 하얀 카라
봄 가을 치마에 세일러복
3년 친구인 지식 보따리 짙은 감색 가방
흑백의 카바 양말에 검정 구두
푸른 꿈 가슴에 품고 청춘을 간직한 여고시절
교목인 연분홍 꽃 배롱나무
꿈과 행복이란 진액을 담고 싶다
영어 단어 외우는 쪽지 든 학구파 학생
재잘재잘 하루만에 쌓인 썰 푸는 수다생
멍하니 발 닿는 대로 가는 무념의 도생
그리운 여고시절
풍경이 있는 거리의 등굣길이다

PART 2

달맞이꽃

그믐달

앞마당에 내려앉은 봄
가지런한 마당 건드려
흙 냄새 미풍에 너울거린다

분명 훈풍인데
나는 시리다고 한다

발목에 달린 천근의 세월
희미해 가는 등불
칠흑 같은 어둠 밝히는 호롱불 부러워하며
열정은 쭉정이를 닮아 간다

훤한 달빛 닮고 싶은 앙상한 어깨
그믐달이 먼저 올라 앉았다

한국의 멋

한국적인 아름다움
엄마의 손맛 저장고인 항아리
맑은 소리 탱글탱글
살아 숨쉬는 옹기에
간장 된장 고추장 장아찌 발효액
일년 농사를 짓는다

마당 한 켠 양지 바른 곳
봉숭아와 채송화 울타리 두르고
앞치마에 행주 든 손
엄마의 전유물 장독에
뭉게구름 피어나고
흰 눈 수북이 쌓인 장독대
햇살 내려와 눈물로 쓰담쓰담

묘한 정

7월 여름의 어느 날 새벽
허전한 옆자리에 화들짝 놀란 가슴
애써 여유의 탈을 쓰고
찻잔 속 그리운 얼굴과 눈맞춤한다

정이란 묘한 것이
눈물로 젖은 세포
두터운 근육을 속박하네

뜨거웠던 기억에 태양을 품으며
살얼음 가슴에 생채기를 내고

한 가닥 깊은 정의 미련에
마음의 문을 닫지 못하고
자신을 야금야금 갉아먹는다

김장하는 날

1년 먹거리 김장
품앗이하고 담아준 김치 봉다리
방법이나 재료는 거기서 거기인데
감칠맛의 정도
간이 약간 짜고 싱겁고
식감이 아삭하고 질기고
양념이 깔끔하고 텁텁하고
곱게 붉거나 검붉은 고추가루 색깔
이집 저 집 손맛이 가지각색이다
소금 비율 배추 절임 시간 젓갈 선택
작은 차이일텐데
그 맛의 차이는 묘하다

비껴간 운명

문정전 뜰에 서린 아픔
조선왕조 역사 속의 불운아 사도세자
특화된 영조의 부성애
명을 재촉하는 도구인 변질된 뒤주
조선의 궁궐에 서린 먹구름
왕세자의 비명이 천지를 진동한다

7월 한 여름의 땡볕 속
무릎조차 펼 수 없는 공간
밤 이슬 한 방울이 절실한 갈증
애절한 절규는 눈 녹는 소리처럼
반응 없는 메아리일 뿐
무심한 하늘은 이승에 미련 두지 말라며
매정하게 태양을 불태우네

뒤주에 갇힌 8일째
한을 품은 채 떨어진 별이 되었다
멀고도 머 언 저승길이 이리도 가까웠던가

엽기적인 수단으로 천륜을 단절하고
영원히 풀지 못한 부자지 간의 빗장
가혹한 참극의 현장 문정전 뜰

사도세자는 1762년 7월, 향년 27세
생을 마감하고 화성 융릉에 잠들었다

비운의 상왕

안개 속으로 영원히 사라진 곤룡포
눈물로 지새는 나날들 강물이 범람하고
절벽의 낭떠러지 폭포수 패인 깊이 알 수 없네
해질녘 시름에 잠긴 한양의 그리움
노산대에 깔려 이슬방울 넘치고
무력과 겁박에 몸부림 치는 어린 몸
두려움에 옥좌를 놓는다

비정한 권력의 희생양 생채기 난 핏줄
노산군의 비참함과 탄식의 한숨소리
관음송에 맴돌고
시름시름 붉은 눈물 망향 탑을 적시네
천리 같은 지척의 청령포에 비친 달
단종을 싣고 한양으로 흘러가네

워낭 소리

곱디 고운 삼베옷
곡선이 고운 버선발
마중 나온 꽃마차

빈 달구지의 워낭 소리
이승의 굴레 벗고 하직하라고
저 산을 부른다

북풍은 갈 길을 재촉하고
부스럭 거리는 가랑잎
고요한 바람에도 생채기 나는 속내
소쩍새 울음 소리 애절하다

척박한 땅 두절된 마음 눈이 내리고
갈망과 참회를 가슴에 묻는다

귀남

아들 선호 사상 두터운 유교 집안
외아들 두신 시어머니의 아쉬움
간절함이 자리잡은 대리만족
이웃집 득남 소식에 집안 분위기 냉랭해진다
조상님 굶긴다며 툭 던진 마디마디
무거운 숙제 굳은 살로 박힌다

채울 수 없는 안타까움
며느리의 몫인가 아둔한 생각이 스멀스멀
대를 이어야 하는 압박감
아들 선호에 지배당한 육체
떡두꺼비 같은 귀남이 찾아와
엄마 얼굴 그림자 사라지고
할머니께 웃음 보따리 안겼다

불면 날아갈까 만지면 터질까
할머니 품이 안전지대
종일 손자 옆에서 싱글벙글

달맞이 꽃

달갑지 않은 햇빛 해님 아래 무기력해지고
감당하기 힘든 우울한 기분 하늘 바라기한다

솔가지에 걸린 구름 사이로
텔레파시가 전이된 것인가

어스름 들판에 깔린 정적
수은등 아래서 여인을 품은 듯
야광을 발하며 달맞이 한다

그저 바라보는 가슴
사랑의 마중물 찾으려 두레박을 준비한다

세월

홍안이던 엄마 얼굴
겹겹이 쌓인 세월 이랑 이루고

묵언의 속내
검은 꽃으로 피었네

검은 꽃 속에
외할머니 그림자 얼비치네

추석 전야

대 명절 음력 팔월 보름 전
휘영청 밝은 달 골목길 비춰주네
단발 머리 소녀의 손
떡사발이 들려 있고
흔한 감자 송편은 아래에 넉넉하고
귀한 쌀 송편은 몇 개 살짝 올라 앉았네
뚜껑 대신 호박 잎 덮고
마실 돌며 정 나누기한다
돌 온 떡 사발
또 다른 정이 듬뿍 들어 있다

늦깎이 배움

피고 지기를 수십 번
떠나가는 세월 애써 손 안에 가두고
까마득한 미로의 기억 복잡한 회로를 연결해 본다

허탈한 연륜 앞에 우물쭈물
이미 낡고 고장 난 추진력과 용기

전광석화처럼 번득이는 말
故 정주영 회장님의 어록 "해 보기는 했어?"

노력형 거북이가 떠오르며
주춤하던 발걸음 옷 소매를 걷어올린다

열 번의 노력 잊어버리는 건 순간
회갑을 넘긴 늦깎이 만학도의 일상이 분주하다

역행

심술궂은 못난 바람
방향 잃은 나뭇잎의 거친 숨소리
한때는 짙은 싱그러움으로 단장하고
이 산 저 산 오색 물 골라 가며 들이더니
뼈에 든 강풍 무시한 배짱
못내 아쉬운 시간에 회한의 신열을 앓는다

때늦은 후회
무념의 자리에 향불이 어린다

봄날

엷은 망 한꺼풀 가려진 눈
아른거리는 글자
머리 속이 뿌옇게 흔들린다

흐렸다 맑았다 필수품이 된 돋보기
여기저기 있는 안경 매번 찾으며 숨바꼭질하고

나이 따라 멀어져 가는 안경 도수
헌 것 버리고 새 짝을 찾는다

이젠
이것저것 귀찮아 궁리 끝에
의술의 힘을 빌렸더니 봄날이 찾아왔다

요양원 1

비 온 뒤에도 싱그럽지 않으며
먹구름 걷혔는데 여전히
보이지 않는 햇살

둘러보니
천상에 걸린 순수한 표정
햇님이 감옥에 갇혀 있네

요양원 2

요양원 청소 봉사하는 날
시간은 그 시절에 멈춰 있고
무념무상의 세월만 흐르네

효심 찬 자식의 마음 눈물에 젖고
우람한 덩치 천만금이 소용없네

허전한 등에 스멀스멀 올라오는 부모님의 체온
달음질해 안방에 모시고 싶다

부모님의 사랑에 비할 바 못되고
턱없이 모자라는 자식 도리
불가항력으로 포장하지만
돌아오는 발걸음 천근만근이다

집 앞 같은 낯선 길 (치매 1)

긴가 민가 터널 속 한줄기 빛
그림자에 숨겨진 기억 따라
시계 바늘 되돌리며 시간 여행한다

희미하게 얽힌 망상 속
사막의 오아시스 만나네

두려움은 자신감으로 씻기고
무지개로 오작동된 빛줄기

무념의 뇌 물거품으로 얼룩지고
해 맑아진 빈 공간 바람 소리 흉흉하네

만근의 추 (치매 2)

한 번 오면 가는 것이 인생
산천이 수십 번 바뀌고
아름드리 나무에 숭덩숭덩 바람 드네

무상의 인생
누군가의 손길 기다리며
침대의 껌딱지 망부석 되었네

만근의 추가 달린
동심에 찬 멀쩡한 허우대
텅텅 빈 메마른 가슴에
단비를 채우고 싶다

소싯적 그 자리 (치매 3)

고을마다 걸려 있는 울긋불긋한 인생사
얽힌 잡초 뿌리 헤집으며
이탈한 회로 접속하려
쥐어 짜면 자극하는 감각 신경
혹사 당한 머리에 쥐가 내린다

세월이 덕지덕지 붙은 육신
털어 내고 싶은 가시 방석
혹독한 시련만 거듭나고

세월이 비껴간 정신 연령
하얗게 깨어진 잡지 못한 기억들
소싯적 그 자리에 머물러 있네

불면증

깊은 밤
오늘도 어제처럼 방문한 불청객

도리질하는 고개 허공을 치는 바람인양
문지방을 넘어 샘물로 뇌를 점령한다

새벽 즈음 해무에 덮친 듯
몽롱해지는 잿빛 영혼 베개를 찾고

잎사귀에 맺힌 이슬
태양을 맞이하려 부산하다

솔향과 찻집

외로움에 덧칠하는 고요함
그리움으로 돋아나고
저만치 있는 추억 찾아
항간의 방랑자 된 더듬이

솔향 가득한 숲속의 찻집
익혀진 커피 한 잔에
시계 바늘 되돌려본다

이야기 보따리 앨범 속
빛바랜 낡은 추억들
때 묻은 옛 벗이 얼비치고
그리움은 세월 따라 흐려져
떠나가는 묵은 기억들이 아스랗다

작은 음악회

긴가 민가 꿈속인 듯
귓전을 간지럽히는 빗소리

문풍지 틈새로 쫑긋해지는 촉각
툇마루에 걸쳐 앉았네

조르륵 조르륵 내렸다 멎었다
처마 끝에 닿는 잔잔한 멜로디
시골 마을의 작은 음악회

꿈틀 거리는 가슴 거리의 방랑자 되고
빗소리에 오롯이 도취된 자아
우중의 여인되어 무아지경에 빠진다

여우비

장가 가는 호랑이
시집 가는 여우
빼앗긴 사랑 슬퍼 내리는 깜짝 비

여우비가 간지럽힌 흙 냄새
향수에 젖은 바쁜 나그네
앞장선 마음 싸리문에 들어섰네

접시꽃 부추꽃 나팔꽃
돌담 밑 자투리의 작은 꽃밭
군침 도는 노랑 나비 예쁜 섶 찾아
고향 행 기차에 몸을 싣는다

태동

엄동설한 덮고 움츠렸던 겨울
따사로운 햇살 태동을 시작하는 대지
메마른 터전에 내린 생명의 자양분 단비

젖 먹던 힘까지 태워 움을 틔우고
흠뻑 젖은 무거운 옷 훌훌 벗어버리고
풀 위에 기대어 숨고르기 한다

언덕빼기 나무에서 쉬던 봄바람
힘내라고 살짝 건드리고 간다

PART 3

나의 반쪽

큰댁 제삿날

촛불 켜고 향내 채운 사우방에
항길댁(택호)의 혼백을 모신다
종부의 신음으로 제수 음식 빚어내고
놋그릇에 고봉 담은 메밥
맨드라미 석이버섯 대추들인 꽃지지미
편 틀의 웃기떡으로 앉았네

조율이시 홍동백서 어동육서 좌포우혜
제자리 찾기 바쁜 제관의 손놀림
묵향 품은 지방에 조상님 얼비치고
축문은 무게를 싣고 리듬을 탄다

돗자리 위 무릎꿇고
넘칠 듯 채운 제주 한 잔에
지난 세월 되살아나네
정갈하게 여민 옷 매무새
도포 두루마기 옥색 한복 자락에
종손 종부의 효와 인이 어려 있다

하늘의 교훈

우르르 쾅쾅
한나절 몸부림 치고 벼르더니
먹구름 덮고 물벼락을 내린다
뒤안길에 버려진 공생공사
사리사욕 잉태하고 채워도 늘 허기진 배
후안무치의 갑옷을 두른 용트림
역지사지의 깨달음
방패로 저항하며
궤도를 이탈하여 질주한다

순리를 역행하는 고통의 씨앗
사방팔방 걸림돌로 박혀
터널 속에서 진통하네
수위를 넘은 인내심
분출되는 격정의 분노
녹물 든 세속들 깨어나라
장대비로 채찍질하며 호령한다

깨달음

백구과극 인생무상
찰나에 지나가는 속절없는 세월

바닷속 좁쌀 한 톨의 존재
세상을 등진다 해도 삼라만상은 그 자리

번뇌를 끊어내고
저무는 노을 곱게 물들이며
피안의 광야를 향해
인생 훈장을 손질한다

마디마디 눌러 붙은 오염된 것들
무념에 녹이고 빈자리 지혜를 더하니
마음에 찾아온 여유
세상은 살아볼 만하네

의식의 변화

숙성된 의식의 뚝배기에
지혜와 슬기 듬뿍 담고 싶다

코로나 바이러스 19

전 대륙을 뒤덮은 팬데믹
신종 코로나바이러스 19
공기와 동선을 이루는 수많은 균들
공격 대상을 찾는 독수리 발톱을 세운다

마스크 속 작은 기침에도
홰를 치고 달아나는 수탉처럼
쏜살같이 피하는 옆사람
하찮은 비말 한 방울의 위력
기침 한 번에 죄인된 듯하다

비바람에 길바닥마저 얼어버려
방콕 신세 일주일
툇마루 섬돌 위 신발
주인의 체온을 기다리고 있다

동면에서 꿈틀 대는 개구리
산골짜기 개울 얼음 녹으며
미나리 밭 가장자리
버드나무도 실눈 틔우는데
우리는 언제 해방되려는지

기다림

촉촉한 아기살
옹기장이의 혜안과 손놀림
성형을 자유자재로 한다

흙에 불어넣는 예술인의 혼과
손맛의 결과물

장시간 적정 온도와 습도 조절
예민한 몇단계 과정
밀폐된 가마 속에서 고품격 변신 위해
불꽃과 산고를 겪는다

가마 앞 기다림 도공의 눈빛
은근과 끈기를 테스트한다

도예의 철학은 기다림의 미학이다

적십자

더불어 사는 사회
사랑 탑 쌓아 가는 작은 마을
태풍 루사에 이어 태풍 매미
순식간에 초토화된 평온했던 마을

둑방에서 풀 뜯던 누렁 소 목 말라 찾던 곳
아낙네들 수다 푸는 곳 빨래터

작은 하천은 흙탕물이 넘치고
뻘 밭으로 변해 버린 생활 터전
바닥이 보이지 않는 추락하는 희망
찌든 허기의 빈민이 식탁에 올랐네

20여년 맺은 인연 적십자사
노란 조끼 입은 천사들
아픔 나누기에 동분서주한다

장기기증

2011년 사회의 길잡이 지식인의
장기기증이 뉴스를 탔다

한줌의 흙으로 돌아가는 죽음
무개념에서 깨달음의 순간이다

삶과 죽음의 기로에선 환우들
실오라기 기대에 사슴목이 되었다

50대 중반의 여인
빈 둥지뿐인 공허한 현실
그래도 자신에 찬 건강한 몸
줄 것이 있어 뿌듯했다

그러나 칠순을 눈 앞에 둔 석양
삭풍은 메마른 나무를 흔들어대고
여기저기 삐걱 소리 나며
마음은 절름발이가 되어 간다

느낌이와 나리

느낌이 외로울까
유기견 센터에서 안고 온 짝꿍 나리

귀염둥이 식탐 나리 밥그릇 넘보고
운동은 뒷전 몸매 관리 빵점인 느낌이

예민한 성격 낯선 사람 견제하고
늘씬하고 날렵한 애교쟁이 나리

행복 호르몬 펑펑
웃음 바이러스 뿜뿜
딸의 보물단지 금쪽이다

포용

절대 권력인 돌개바람
추락하는 나뭇잎
거친 숨소리 헐떡이며 바람에 나뒹군다

윤리와 도덕을 거슬러 간
후안무치한 철면피들

억울함에 생채기난 명줄
무력함에 맥없이 떨어지고
차가운 대지를 껴안는다

물 속에 비치는 시름하는 나뭇잎
화무십일홍 권불십년을
물 위에 띄워 보낸다

화려한 입

부처님전에 올린 108배
영혼에 젖어 들어
지난 세월 돌아보니
빈 그릇이 부끄럽다

향 서린 법당 과묵한 산속의 울림
불순물로 병든 마음 화려한 입
깨달음 주는 말씀으로 단장하고

세상의 온갖 어지러운 것들
부덕의 소치로 깨우치고
고운 심성 빌고 빌어 채우며

내면이 순수하고 소박한
달님 같은 내 벗이어라

작은 풍요

멍하니 고개 들어보니
하늘이 열리고 낯익은 얼굴이 비치네
화들짝 반가움에 뿜어 내는 발광체
무색한 태양 구름 속으로 도망가네

그곳은 어떠한지요
진자리 지겨워 재촉한 시간
북망산은 지낼 만한가요
막걸리 한 잔 나눌 길동무는 만났는지요
때론 뽀송뽀송한 빈자리 털어내며
긴 한숨 삼키지만 끝내 속 울음 터트린다

문턱이 높다던 강릉 김씨
삶을 거슬러 찾은 뿌리
올 곳이 아닌데 잘못 왔다고 호통 쳐서
살짝 들렸다고 하며
잠시 작은 풍요를 주고 가네

커피의 마력

커피에 중독된 듯 유혹에 벗어나지 못하고
삼삼오오 카페로 향하네

라떼에 띄운 하트 예쁜 잎사귀
커피향에 젖은 맘속에 이끼 융단 펼쳐지고

바리스타의 손놀림
커피 매니아들 감성을 쥐락펴락하네

입안 가득 퍼지는 향 바닥을 보이는 빈잔
불면의 후유증은 찻잔 속에 맴돌고

멀뚱멀뚱
밤을 잃고 엎치락뒤치락 한다

숙성된 마음

부처님 말씀 뿌리내려
경전에 마음 두고
사바세계 둘러본다

고운 마음씨 숙성된 자비
늘 푸른 소나무처럼
오늘도 어제같이 어두운 곳에 공덕 쌓네

옷깃 여미고 합장한 손
108배에 사연 담는다

비어 있는 내면의 틈새
지혜와 덕으로 채우고
세속의 모든 번뇌 깨달음의 그릇에 담는다

– 친구 홍순애에게 보내는 시 –

불모지의 씨앗

삶은 신이 설정해준 행로
한 발 내딛고 싶은데
의지와 무관하게 뒷걸음질한다

그러나 신은 공평할 것이다
늘어진 어깨 옷 매무새 가다듬고
전화위복 기대하며 운명에 도전한다

황폐한 불모지에 뿌린 씨앗
기대와 함께 또 사라진다

과적으로 어지럽게 흐트러진 멍에
등에 달라붙은 측은지심의 눈길
이고 지고 가기 힘겨운 굴레다

몸과 마음은 이미 어긋난 톱니바퀴
세포들의 넋마저 야금야금 갉아먹고 있다
만신창이 된 봄
이승을 포기하고 혼을 놓는다

동네 거리

짧은 햇살 넘어가는 가을
이곳저곳 마실 돌며 울긋불긋 채색한 고운 빛
동네 거리는 노란색 가로수 터널이 생겨났다

투덜투덜 심술 난 바람
은행 나뭇가지 흔들며 화풀이한다

모터 달린 날개 회전하며
땅바닥에 한 잎 두 잎 던져진다

골목은 온통 생명을 잃어버린
아이러니한 잎사귀들의 축제다

망태기

맛을 좇아가는 중년의 입
다양한 시어들의 맛을 보며
망태기에 담는다

여기저기 눈 맞추며
따기도 하고 줍기도 하며
명주 고름 만들어 실타래에 엮는다

만상인 삶의 희로애락
사방에 널려 있는 고것들
느낌은 환상이며 가슴을 녹이는데

올이 빠진 빈자리 가로세로 맞추며
덧대야 할 실오라기 찾아
촉수를 세운다

분신

노랑 병아리 6마리
왁자지껄 하하 호호
티격태격 울다 웃다

어쩌다 침묵 모드
디지털 문화 속
스마트폰 게임 삼매경에 빠져든다

기계에 문외한 농익은 백발
손주들의 대화에 열외신세다

며칠간 동분서주 땀방울의 상차림
만개한 병아리들의 바쁜 젓가락

먼 훗날 타임머신 타고
묻어둔 일기장 열어 본다

바람막이 나무

다독다독 포근한 바람막이
울안의 든든하고 미더운 대들보
티 내지 않아도 보이는 점잖은 어른의 위엄
강릉 최씨 가문 8식구 대가족이 기댈 언덕

정직을 생활 신조로 정화수에 마음 담고
정갈함이 몸에 밴 곧은 심성의 아버지

마음에 노을 들고 땅거미 내려 앉은 어깨
두루뭉술해진 대쪽 같은 근성
둥글둥글 둥근 달 평생 친구하자 하네

빈 자리

허기에 두터워진 염치
형형색색 물든 산속에 걸어 두고
잎사귀들의 귓속말 훔쳐
퍼즐을 맞춘다

달빛에 별을 엮어 햇살 한 줌 담고
명주실에 한 올 한 올 옥구슬을 꿰다
빈자리 큰 광주리에 자신감 보태고
민망한 시 한수 덜컥 내놓는다

콩나물 국밥

몇 번이나 만났다고
몇 번이나 보았다고
입이 화려하지 않고
수련 닮은 여인의 향기
흰 눈 내리듯 조용함 속에
송이눈 내리는 눈꽃을 보았네
속 깊은 배려에
빈 속 달래 주는 콩나물 국밥의 온기
카드 긁는 단말기 벨 소리에
숫자보다 붉게 물들어가는 가을의 풍요
그녀와 함께했던 모두에게 배달되었다
마른 목 적셔주는 숨은 마음들
사람 체취 서늘한 거리에서
시처럼 살아가는 길벗을 만나
영혼이 말갛게 웃었다

- 강옥순 시인이 최인자에게 보낸 시 -

나의 울타리

연둣빛 싱그러운 보금자리
열 몫 하는 분신들의 효심
차고도 넘치네

등의 짐 무거울 때 깃털 달아 주고
마음 비좁은 일 만들지 않아
열손가락에 여유 주네

피붙이들의 끈끈한 사랑
살갑게 다져진 형제애
웃음 소리에 비바람 비껴가네

나의 귀한 선물 아들 딸 사위들아
더도 말고 덜도 말고
지금만 같기를 두손 모은다

또 가는구나

속절없이 떠나가는 세월
방패 들고 반항해보지만
손사래 치는 손엔 이미 백기가 들려 있고
가만히 내려 앉은 석양과 동행하며
문턱 하나 또 넘어간다

꽃 피고 지는 것이 인생의 철칙
자연의 섭리에 초연하면서도
저무는 태양 깨우려
영혼 없는 투정을 부려본다

덧없이 가는 세월 지푸라기 같은 미련
유유히 흐르는 구름에 매달고
곰삭은 인생에 감사의 숨결 더한다

오늘따라

동지섣달 긴긴 밤
적막함에 별의별 잡동사니 생각들이
덩그러니 가슴에 파고든다

동반자로 달고 온 지독한 고독
외로움인가 했더니 그리움이더라

방랑의 시공간에서 벗어날 줄 모르고
퇴적층 허물고 멋진 궁궐도 지어보며
쌓고 허물기를 수십 번
공중 누각을 지으며 밤을 잃어버렸다

나의 반쪽

반쪽과의 꿈
디딤돌이 잘 놓여진
변화하지 않은 가지런한 오솔길

한 올 한 올 씨줄 날줄로 엮은 인연
베틀 위 정성을 보태서 짠 하얀 모시 한 필
청실 홍실 수놓으며 보금자리에 양탄자 펼쳤다

정으로 얼기설기 만든 울타리 들락거리며
한 땀 한 땀 얽어 만든 너와 나의 시간들
흐린 기억이라도 잡아 두고 싶다

정 많고 여린 마음씨는 타고난 성품
올망졸망 피붙이 4남매 단아하고 고우신 어머니
가장의 무거운 어깨지만 언제나 늠름한 모습은
둘도 없는 든든한 기둥이었다

유산

그 곳까지 품고 갈
외로움과 그리움

피로회복

뉘엿뉘엿 땅거미질녘 마당의 멍석 위
고단함 깨워줄 푸짐한 밥상

함지박에 넘치도록 담은 삶은 감자와 옥수수
주방장의 넉넉한 훈풍으로 와 닿네

메인 메뉴는 수제 장칼국수
후루룩 경유할 곳 없이 굽이길로 바쁘게 넘어가네

찌그러진 큰 대야에 수북이 쌓은 모기 퇴치용 쑥대
보호막 연기는 바람에 기분 전환되네

열 사람 몫을 하는 보물 1호 누렁이
멍에가 내일의 짐인가
멀뚱멀뚱 천하의 순진한 눈으로 한곳만 쳐다보네

시간 싸움

마실 돌이 하며 매일 만나는 사람들에게도
들키고 싶지 않은 속내

그 외로움에 덧칠까지 한 고독
가슴 저 뒤편에 몰래 숨겨 두고 태연한 척
오늘도 그들 앞에서 환하게 잇몸을 드러내고 있다

하얀 색으로 위장한 숨겨진 마음
붉게 타는 석양에 마음의 동요가 일어나며
영혼의 끄트머리 잡고
오늘 밤도 어제처럼 시간 싸움을 한다

PART 4

달빛 친구

동행

어제는 몰랐네
오늘 나 여기 있는 것을

홀연히 떠나는 세월
뒤돌아본 발자취
솜털같이 가볍구나

무엇이라도 도전하려
펴놓은 자리 앙탈을 그려보지만

그래도 가잖아
하여

가슴에 작은 꽃씨 하나 묻어 두고
태동의 기쁨 느끼며
세월과 동행한다

저기까지 잘 데려다 줄 것을 주문하면서

도토리 키 재기

인생 뭐 별 거 있나요
한창 때 절색미인도 세월이 더덕 붙으니
고만고만하다

티격태격 알콩달콩 흐렸다 맑았다
들여다보면 101호나 102호나 거기서 거기
종이 한 장 차이 도토리 키 재기다

꽉 채운 곡간 하루 네끼 식사는
저무는 인생을 재촉하고
한 줌 덜어낸 여유 공간 자유가 나풀거린다

칠순을 바라보는 적지 않은 나이
일그러진 모퉁이 담금질하고 두드리며 가다듬는다

닮았다

한때 화려한 양귀비 세월에 떠밀려
시들고 퇴색되어 저물어 가는 미모에
측은지심 부른다

한 시절 파릇파릇한 삶도
가속도가 붙은 시간에 끌려
녹슬고 예전 같지 않으며
호롱불 빛같이 가물거린다

신의 설정에 의한 숙명
희로애락 우여곡절 있지만
그래도 여기까지는 괜찮았는데

연애 세포

어스름한 밤 아스팔트 갓길
수은등 불빛 아래 비친 훤칠한 사나이
가슴에 잔물결의 전류가 흐른다

어깨에 걸친 양복 자켓
한 손은 주머니에 뚜벅뚜벅 멀어져 가는 뒷모습

일시 정지된 여고생의 눈동자
소녀는 깜찍한 사랑에 빠진다

육신은 70을 바라보는데 마음은 그 자리
10대 같은 연애 세포
바람을 앞세우고 고교 은사님을 찾아 헤맨다

무거운 하루

젖은 마음 달래며
근면과 성실을 밑천으로
하루 하루를 버틴다

길가의 사금파리처럼 금이 가고 깨어져
퍼덕일 힘조차 없는 작은 새

땅거미와 소주 한 잔에
돌덩이 근육을 녹이며
하루를 털어 낸다

바다의 손짓

그윽한 바다 내음
동해 바다 그리워
에둘러 금진로로 향한다

너울 거리는 파도는 이랑을 이루고
파도의 향음에 취해
갈매기떼 신성되네

굽이진 해변의 손짓
한폭의 동양화
그림쟁이 이젤 앞에 부르네

추암 바다

에메랄드빛 바다
넘실거리는 비단 물결
원앙을 부르는 금침이네

외롭게 우뚝 솟은 촛대바위
늘씬한 자태 자랑하며
왕좌에 오른 임금인 듯
바위들의 호위를 받는다

고요를 깨며 부서지는 파도
하얀 포말 위에 살포시 앉은 물보라
비상하려 바위를 포위한 갈매기떼

조각조각 구름 불러 모으고
멋진 풍경 도화지에 옮겨담는다

해돋이

동 트는 새해 희망찬 새벽
덩달아 발걸음도 상큼상큼
명당인 마실 언덕빼기에 멈춰섰다
숨겨진 석양의 변신
동 트는 쪽빛 바다
안녕과 건강이 걸려 있고
여명이 그리는 아우라
자연의 신비에 눈동자 젖어드네

꿈틀거리는 가슴
앵두 매화 개나리 진달래
서둘러 찾아온 봄 소식
꽃망울 터트리고
합장한 손 안에는
태양이 무탈을 품고 있다

외갓집 담장

짚과 진흙을 짓찧어서 접착제로 쓰고
울퉁불퉁 가지각색 모양의 돌 자르고 붙이며
각을 맞춰 쌓은 돌담

담장 아래 채송화와 봉숭아로 장식하고
알록달록 다채로운 색깔
행인들의 발걸음 멈추게 하네

노장의 손은 무자격증의 장인
저울도 없는 배합률과 정밀도
질지도 되지도 않은 일등급 고급자재로 탄생한다

설계도나 측량 도구도 없이
눈대중과 손짐작으로 어림잡아 쌓았지만
품질 테스트하는 비바람에도
숨은 흠을 찾을 수 없네
홍일점 싸리문은 담장과 어우러져
자연의 운치를 더했다

사랑하는 동생

딸 셋 낳고 아래로 아들 셋
아들 바라기하는 아버지
첫째 아들 태어난 날

어깨에 날개 솟고
발걸음 두둥실
싱글벙글 입가에
빨간 고추 금줄 걸렸네

인명은 재천이라 했던가
열린 하늘문
사모관대도 올려 보지 못하고
홀연히 사라진 아픈 손가락

밤을 지샌 눈물 한강을 범람하고
가슴의 응어리 옹이로 박혔네

들꽃

여린 몸 작은 힘 모아
어둠 뚫고 피어 난 야생화

실오라기 바람에도
신음하는 가녀린 그대여

비탈진 삶의 여정
후미진 산자락에서
외로움 달래는 고고한 몸짓

겹겹이 쌓인 나이테에 짙은 여운 새기며
단아한 이슬방울 들꽃으로 피었네

왕실의 화려한 꽃도
그 향기 알아채고 뒷걸음질하네

채송화

장독 밑 한 모퉁이
월궁항아 눈부시네

있는 듯 없는 듯 다소곳한 자태
불덩이처럼 타오르는 장미의 화려함과
또 다른 단아한 화려함

항아리와 어우러져
묵은 정 나눠 종족 보존하며
소담소담 행복바이러스 주네

소금꽃

너와 나 꽃씨 하나 심고
예쁜 싹 틔우며
사랑의 온도 탑을 쌓았는데

피 돌기 하는 병마에
저항보다 빠르게 흡수하는 포기
생의 끈을 놓아버린다

푸르디 푸른 망망대해
붉은 눈물과 울음 소리를 덥석 잡았고
마음의 응어리 하얀 소금꽃 되어
파도에 떠밀려 다닌다

의술에 몸을 의지하며
손길 닿는 곳에 있던 당신
가쁜 숨소리를 가슴에 묻는다

빨래터 2

앞 개울 가장 자리
넓적한 돌 서너 개

삶의 짐 무거워
들고 나온 빨랫감

세찬 빨래 방망이 소리
토해낸 세속의 번뇌

운 좋은 날 윗자리 앉으면
맑은 물은 내 차지다

해탈한 깃털 옷들
마당을 가로지른
빨랫줄에 올라앉아

햇볕과 벗 삼아
바람 따라 흔들린다

수국

넓은 잎 수반에 봄을 한 줌 채우고
수돗가에 자리했네

여유를 품은 넉넉한 꽃송이
고운 맵시는 백화 초엽 중 여왕이네

여왕을 찾아 날아 든 호접 한 마리
스케치하는 눈동자 풍요를 만끽하고

소박한 뜰 파스텔톤 여운 남겨 놓고
적막 속에 떠나네

비와 빗소리

빗소리 보슬보슬 엄마의 손길
섬섬옥수 다듬어진 둥지 속
잉태한 새 한 마리
자장가에 스르르 잠이 드네

핑크빛 꿈속에 내린 단비
닿을 듯 말 듯한 여인의 손끝
설레는 가슴 피앙세로 피어나네

도파민으로 반응하는 세포들
숨 고르는 호흡과 맥박
넘칠 듯 충만한 엔돌핀

비와 그 소리는
우수리로 득템한 영양소다

집어등 불빛

망망대해 가로질러
줄지어 선 오징어배
집어등 불빛의 향연
건너 마실 누가 살까

만선 바라며 멈춰선 곳
삶의 무게 덜어줄 생존의 터전

채움의 기쁨 너울에 흥을 담으며
빈 배 어깨에 한숨 싣고
오늘도 그렇게 흘러 간다

눈

하이얀 결정체
벗어나지 않은 육각의 신비
빛의 발아는 허공에 밀알되네

목이 긴 연인 오작교 만들고
하늘 바라기 망부석 되었네

백설의 순수 자연과 연 맺으며
어지러운 시야 평온으로 정화했네

물안개 핀 실개천

눈 덮인 들녘 언저리
앙상한 나뭇가지 울타리 만들고
소근소근 속삭이며 흐르는 실개천

돌멩이 사랑이라도 하듯
돌고 도는 소용돌이의 유혹
술잔 띄워 목을 축이며

먼 길 오신 고운 님 맞이하듯
함박꽃으로 피어나며
물안개 모락모락 풍류를 즐긴다

대지의 아픔

주룩주룩 주루룩
장대비에 신음하는 대지
고삐 풀린 망아지
비의 마력에 걸려든 마음
대지의 아픔은 남의 일

난타 연주자처럼 후려치는 굵은 빗줄기
바쁜 빗방울과 앙상블 이루며
경연하듯 무르익은 감흥의 물결

우레와 같은 박수소리
시상대에 오른 상기된 수상자
깨어보니 여기저기 아픔이 기다리네

복수초

서릿발 날리는 동빙설한
살을 에이는 칼 추위를 피해
토양 속에서 가슴앓이 하며
숨 막히는 겨울의 끝자락에

옹골찬 몸짓 덮인 눈 뚫고
삐죽이 내민 꽃망울
깊은 숨 몰아내 뱉는다

벼랑 끝에서 잡은 바깥 세상
하얀 치마폭에 노란 꽃물 들이며
오가는 사랑 먹고 삭풍을 견디네

바다의 원혼들

묵중한 햇살
푸른 물 눈가에 일렁거린다

속절없이 떠나는 훈장들
오늘과 내일을 지키려 누군가 또 가야 한다

진혼곡이 울려 퍼지는 하늘
영혼들 거친 파도로 응대하고
성난 가슴 곰삭인다

달이 뜬 정화수 애절한 정성 빌고 비니
떠나는 달 맺힌 한을 데려가네

탄생

산자락 한 모퉁이
새생명이 꼼지락거린다
한송이 꽃을 피우기 위해

무거운 목덜미로 흙을 털어 내고
발그레한 얼굴을 내민다

에너지 공급원 옥토를 찾아
좌충우돌하며 사방을 헤집는 뿌리

오늘 운세 대박
땅속 환경 명당이다

젖줄 찾은 생명들 화색이 돌고
하늘하늘 보듬어주는 태양은 덤이다

봄을 그리며

생선가게

누가 누구에게 맡겼는가

한 섬 모자라는 아흔아홉 섬

곳간에 그득한 금은보화

금화의 노예가 부른 탐욕

한 걸음도 못 떼고 화를 부른다

골목마다 땅 꺼지는 한숨소리

휘몰아치는 풍랑에 저항하는 분노

어제 그랬고

오늘도 그렇고

내일은 어떠할지

타국에서 돌아오지 않는 봄

비워야 채워지는 순리 공수래 공수거의 인생

안빈낙도를 외친다

사계

그럭저럭 여름 가고
덩그러니 몰려온 계절
생로병사의 침식물
가을의 끝자락에 닿았고

농익은 노익장
무뎌진 감각을 끄집어 낸다

들릴 듯 말듯 뒹구는 낙엽들의 속삭임
또 하나의 낭만거리 꾸미고
우수에 젖은 눈망울 미풍에 흔들리며

손 끝을 타고 퍼지는 차 한잔에
그리움을 토해 내고 싶다

눈 감으면 보인다

바닥이 보이지 않는 엄마의 그리움
하늘에 걸어놓은 마음
모진 풍랑에도 꿈쩍 않고
구름과 좌충우돌하며
깎이고 희석되어 흐려져 가네
흐린 기억이라도 잡으려 지그시 눈을 감는다

스멀스멀 먼 산이 다가오고
먼지 쌓인 고장 난 시계 옛 모습 그대로다

홀연히 사라진 자리 허기가 돌고
그리움의 갈증 몇곱이 되어
그렁그렁 뜨거워진 눈시울 이슬 맺히네

달빛 친구

멀어진 연애세포 살아나면
그리움과 팔베개하고
달빛을 불러 친구하련다

앞산에 걸린 기운 달
유리창에 비친 나뭇가지 사이에 달라붙어
온몸을 감싸 안는다

후끈 달아오른 몸뚱어리
뜨거웠던 떠나간 시간의 기억들
끄집어 내어 그 시절에 잠긴다

손목도 잡지 못한 영혼
못내 아쉬움 삼키며 시린 밤을 지샌다

| 해설 |

순수한 서정과 섬세한
감성이 주는 맑은 영혼의 울림

문복희(시인, 가천대학교 교수)

《화백문학》 75호 신인문학상으로 등단한 최인자 시인은 2019년 3월 봄에 시인이 되었으니 등단 이후 5년 만에 첫 시집을 내놓는 셈이다.

한 마리 학처럼 살아온 최인자 시인은 학이 가진 고고함과 우아한 자태를 지니고 있다. 초우문학회와 가천시창작반에서 문학활동을 함께 하면서 알게 된 그의 성품은 학이 상징하는 품격을 그대로 보여주고 있다. 깨끗하고 고상한 심성을 지키며 한번 맺은 인연을 평생 함께하는 학의 모습이 그의 모습이다. 무욕청정(無慾淸淨)을 추구하며 한마음을 변치 않고 지켜가는 고고한 품세(品勢)는 학을 닮은 그의 태도이며, 이 가치관이 그의 작품 세계에 그대로 나타나고 있다.

최인자 시인은 인간을 참되게 걱정하고 참뜻으로 아끼는 태도로 글을 쓴 시인이다.

김영랑은 「신인(新人)에 대하여」에서 "문학은 진실한 데서 비로소 그 가치와 생명이 있는 것이라고 생각한다.(...) 이 진실이라는 것은 문학과 또는 인생에 대하는 작가의 태도를 말하는 것인데 아무리 고상한 사상이라든가 철학을 보여주는 작품이라 해도 그것이 인간을 참되게 걱정하고 참뜻으로 아끼는 태도로 쓰이지 않는 한, 값있는 작품이라고 존경을 받기가 힘들 것"이라고 쓰고 있다.

최인자 시인은 자연과 인간을 생각하는 참된 마음을 담아 맑은 영혼으로 작품을 쓴 시인이다. 즉, 문학은 진실한 데서 가치와 생명이 있다는 것을 그의 시편들을 통해 보여주고 있다.

사랑 그리고 꽃의 시학을 노래하고 있는 최인자 시인은 토속적인 자연과 잊혀져가는 한국의 전통을 고요한 시선으로 바라보며 지향해가고 있다. 현실에 존재하면서 과거의 아름다움을 간직한 채, 간결하고 우아한 문체로 맑은 영혼의 파동을 이끌어가고 있다. 그는 이미지 구현과 언어 사용 능력과 주제 구축 능력이 뛰어난 시인이다.

그의 등단 작품 심사평에서도 작품의 우수성을 다음과 같이 인정하고 있다. '사라져가는 제사 용어나 빨래터의 모습에서 삶의 의미를 찾아내고 정체성 회복을 위해 뿌리로서의 옛모습을 담담하게 그리고 있다. 최소한의 언어로 최대한의 효과를 얻기 위해 단순한 소재를 넘어서서 압축과 통일의 기법으로 시적 긴장과 정서적 고양을 획득하고 있다.'는 평가는 그의 시가 향토적 향기가 남아 있는 시라는 의미를 내포하고 있다. 순수한 서정과 섬세한 감성이 주는 맑은 영혼의 울림을 그의 시 속에서 만날 수 있다.

그의 시세계는 다음과 같은 3가지 특징으로 정리할 수 있다.

1. 언어의 심미적 가치에 대한 섬세한 인식으로 순수한 서정을 지향하고 있다.
2. 따뜻한 감성과 관조적인 자세로 전통적인 세계와 현실을 이어가고 있다.
3. 차분한 여성적 어조로 호소력과 영혼의 울림을 구축해 가고 있다.

1. 언어의 심미적 가치에 대한 섬세한 인식으로 순수한 서정을 지향

중 2학년의 해 맑은 소녀
어느 여름날 동틀 무렵
비몽사몽 아련히 다가오는 빗소리
달콤한 낭만을 부르는 세레나데
올망졸망 동그라미 그리며
저며오는 가슴에 뿌리내리고
하얀 여백 가만히 물들이며
비와 소녀는 첫사랑에 빠진다
풍요와 여유의 시공간 아침마당
품이 넓은 항아리 빚어내고

마음은 가지런히 빗속을 걷고 있다
「소녀의 첫사랑」

 첫사랑이란, 우리 인생에서 처음으로 마주하는 사랑이다. 첫사랑은 순수하고 아름다운 마음으로 대상을 바라보는 것이다. 중학교 2학년의 해맑은 시선은 여름날 동틀 무렵의 빗소리와 달콤한 낭만을 부르는 세레나데와 시공간 아침마당을 순수하게 바라보고 있다.
 올망졸망 동그라미를 그리며 행복이 가득하고, 사소한 것에서도 큰 의미를 찾게 된다. 그래서 첫사랑은 우리에게 특별한 추억이며, 우리 성장의 한 부분을 이루게 된다. 이 어린 중학생 소녀의 첫사랑은 잊지 못할 소중한 축복이며, 사랑의 의미와 가치를 알려주는 시작이다. 그래서, 첫사랑은 가장 아름다운 순간을 선물해 주는 절차이다. 이 작품에서 소녀는 비와 첫사랑에 빠진다. 풍요와 여유와 가지런한 마음으로 빗속을 걷고 있는 소녀의 모습이 첫사랑의 이미지를 잘 보여주고 있다. 즉, 언어의 심미적 가치에 대한 섬세한 인식으로 순수한 서정을 지향하는 최인자 시인의 시세계를 볼 수 있다.
 다음 작품에서 좀더 성장한 여고생의 순수한 이미지를 연상하며 첫사랑의 맥락이 이어지고 있음을 알 수 있다.

2차선 아스팔트 좌측 통행
싱그러운 아침 미래의 꿈
여고생들이 줄지어서 행진한다
곤색 교복에 풀 먹인 하얀 카라

봄 가을 치마에 세일러복
3년 친구인 지식 보따리 짙은 감색 가방
흑백의 카바 양말에 검정 구두
푸른 꿈 가슴에 품고 청춘을 간직한 여고시절
교목인 연분홍 꽃 배롱나무
꿈과 행복이란 진액을 담고 싶다
영어 단어 외우는 쪽지 든 학구파 학생
재잘재잘 하루 만에 쌓인 썰 푸는 수다생
멍하니 발 닿는 대로 가는 무념의 도생
그리운 여고시절
풍경이 있는 거리의 등굣길이다

「여고 시절」

 이 작품은 싱그러운 여고생들의 모습을 섬세한 감각으로 그려내고 있다. 곤색 교복에 풀 먹인 하얀 카라, 봄 가을 치마에 세일러복, 감색 가방, 카바 양말에 검정 구두는 가지런한 여고생의 청순한 모습이다. 여고 시절의 모습을 추억 속에서 꺼내어 장면 장면을 파노라마식으로 보여주고 있다.
 여고생들은 행복을 거창하고 큰 것에서 찾지 않는다. 단지 이런저런 얘기로 수다도 떨면서 소소한 일상을 같이 보내는 것에서 사랑과 행복을 찾는다. 이 작품 속에서 재잘재잘 하루 만에 쌓인 썰 푸는 수다생들은 교목인 연분홍 꽃 배롱나무 아래에서 꿈과 행복이란 진액을 담아내고 있다. 수다는 말로 하는 것 같지만 사실은 서로를 바라보고 눈빛을 주고 받는 행위이다. 마음을 열지 않은 상대와는 수다를 떨지 않는다. 자기의 속마음을 털어놓으면서 수다를 떨던 여고 시절의 풍경이 아름답게 그려진 작품이다.

다음 작품 「연애 세포」는 우리말 어휘를 잘 고르고 문장을 잘 다듬는 최인자 시인의 언어적 감각이 돋보이는 작품이다. 우리말의 아름다움이 잘 드러난 이 작품은 여고생의 이미지와 10대의 사랑을 살려내어 연애 세포라는 이미지를 창출해낸다.

어스름한 밤 아스팔트 갓길
수은등 불빛 아래 비친 훤칠한 사나이
가슴에 잔물결의 전류가 흐른다
어깨에 걸친 양복 자켓
한 손은 주머니에 뚜벅뚜벅 멀어져 가는 뒷모습
일시 정지된 여고생의 눈동자
소녀는 깜찍한 사랑에 빠진다
육신은 70을 바라보는데 마음은 그 자리
10대 같은 연애 세포
바람을 앞세우고 고교 은사님을 찾아 헤맨다
「연애 세포」

육신은 70을 바라보는데 마음은 첫사랑의 10대 같은 연애 세포를 가지고 있다. 정지된 여고생 소녀는 깜찍한 사랑을 앞세워 고교 은

사님을 찾아 헤맨다. 현재 안에 과거의 시간을 병치시키며 아름다웠던 추억의 순간을 다양한 시간으로 연결시킨다. 과거 10대의 시간과 70의 시간을 연결하여 시간의 연속성을 만들어낸다. 애틋한 순간의 시간을 시인의 유연한 의식을 통해 현재의 시간으로 확장해간다. 육신은 고희에 와 있는데 현재 안에 과거의 시간을 병치시켜 연애 세포로 이미지를 펼쳐가고 있다. 현재의 시간을 과거의 사랑으로 완전히 개방하고 있는 시인의 상상력은 영원한 시간에의 탐구와 무관하지 않다.

결국 최인자 시인은 현실에 존재하면서 과거의 아름다움을 간직한 채, 간결하고 우아한 문체로 맑은 영혼의 파동을 이끌어가고 있다.

2. 따뜻한 감성과 관조적인 자세로 전통적인 세계와 현실을 결합

> 뒤돌아보니 까마득한 여로
> 강산이 칠십 번 변하여
> 쌓이고 쌓인 낙엽이 세월이더라
> 20여년 한 지붕 곱디고운 시어머니
> 깊으신 정에 감사하고
> 파릇파릇 싱그러운 발걸음
> 당신과 나의 분신들 무한창대하니
> 이 또한 고맙고 감사할 일이네

과욕을 비운 자리 귀한 인연 채워 주고
알콩달콩 6명의 병아리 치마폭에 안겨주니
여유와 풍요가 나풀거린다
나머지 여정
지난봄 미련 없이 고운 단풍 들이고 싶다
늘 비어 있는 한 자리는 그리움이 차지했네
「고희」

고희(古稀)란, 70세를 이르는 한자어다. 당나라 두보의 시 곡강(曲江)에 나오는 인생칠십고래희(人生七十古來稀)의 줄임말이다. 원래 뜻은 삶에 있어 칠십도 드문 일이라는 것이다. 일흔을 종심(從心)이라고도 하는데, 이는 공자가 종심소욕불유구라고 일컬은 데서 유래했다. 이 작품에서 시인은 고희의 나이를 따뜻한 감성과 관조적인 자세로 바라보고 있다.

칠십은 단순한 시간의 경과만을 의미하는 것은 아니다. 강산이 칠십 번 변하여 쌓이고 쌓인 낙엽의 모습이 세월을 의미하지만 물리적 시간만 흘러온 것은 아니다. 그 안에서 삶의 과정을 집약해 내고 있다. 삶에 대한 시인의 총괄적인 태도가 마지막 부분에 준엄한 자아 성찰의 모습으로 그려지고 있다. 늘 비어있는 한 자리는 있어야 할 존재를 먼저 떠나보낸 고독의 자리이다. 그 자리를 그리움으로 채울 뿐이다. 그것은 잃어버린 참된 자아의 자리이기도 하다. 산다는 것은 참된 자아를 찾아가는 과정이기도 하다는 시인의 메시지이다.

그는 70을 살아오면서 과욕을 비운 자리에 귀한 인연을 채워가며 지내왔다. 깨끗하고 고상한 심성을 지키며 지조와 정절의 상징으로서 한번 맺은 인연을 평생 함께하는 학의 모습으로 무욕청정(無慾淸淨)을 추구하며 한마음을 정한 그 믿음을 변치 않고 살아왔다. 그의 지향성을 볼 때, 최인자 시인은 학처럼 살아온 존재이다.

20여 년 한 지붕에서 곱디고운 시어머니와 함께 살아온 효부이다. 6명의 손주들을 안겨주고 여유와 풍요가 있으니 고맙고 감사함으로 살아간다. 나머지 여정을 고운 단풍 들이고 싶은 시인의 따뜻한 감성과 관조적 자세가 돋보인다.

> 무르익은 곡물의 풍미
> 톡톡 터지는 항아리 속의 기포
> 앉은뱅이 술 전통주가 빚어진다
> 묵은 친구와 양은 주전자
> 고즈넉한 저녁 피로 주 한 사발
> 주 거니 받거니 부어라 마셔라
> 목 젖을 타고 온 몸에 퍼지는 전율
> 은근히 취하는 묘한 맛
> 이 풍진 세상을 한 몸에 안고
> 주룩주룩 추녀 끝 빗소리
> 주모에게 주전자 건넨다
> 「막걸리」

따뜻한 마음을 담은 막걸리 한 사발을 주거니 받거니 부어라 마셔라 하는 광경이 전통과 현실을 이어주고 있다. 묵은 친구와 양은 주전자, 항아리 속의 기포, 곡물의 풍미가 전통주로 빚어진다. 이 작품은 정철의 사설시조 「장진주사」의 내용을 연상시키고 있다. '한 잔 먹세그려/ 또 한 잔 먹세그려/ 꽃 꺾어 산(算) 놓고 무진무진 먹세그려' 처럼 우리 민족의 풍류와 전통을 보여주고 있다. 술은 고대 제천행사에서 사용되었으며 오늘날 문중 제례나 회식 모임에서도 빠지지 않는 음식이다. 우리나라 전통주인 막걸리는 우리 민족과 희로애락을 함께하며 전통을 이어온 술이다. 옛날 향촌에서는 술을 직접 집에서 빚어 대접하며 정을 나누기도 했다. 친구를 초대하여 막걸리를 돌려가며 마심으로 마음속 응어리를 풀고 우의를 다지기도 했다.

이 작품도 노을 걸린 인생 뒷담화를 안주 삼아 주거니 받거니 부어라 마셔라 하며 정을 나누는 권주가이다. 은근히 취하는 묘한 맛을 느끼며 추녀 끝 빗소리를 따뜻한 감성으로 바라보고 있다.

3. 차분한 여성적 어조로 호소력과 영혼의 울림을 구축해 가고 있다

기름과 행주에 잘 길들여진
시멘트 부엌과 가마솥
연기에 그른 세개의 아궁이
바닥 한 구석
싸릿대로 얼기설기 짠 감자 소쿠리

불 쏘시개로 준비된 소나무 갈비
아궁이 불을 다스리는 부지깽이
문턱 하나 사이
여물통을 경계로 한 소 마굿간
가물가물 눈꺼풀이 무거운 부뚜막 위 야옹이
잘 어우러진 시골 부엌이 정겹다
「시골 부엌」

  이 작품은 시골 부엌의 풍경을 한 폭의 그림처럼 그려내고 있다. 기름과 행주에 잘 길들여진 시멘트 부엌과 가마솥은 세월의 흐름을 담고 있다. 이 시의 중요한 특징은 전통적 정서가 깔려있다는 점이다. 전통적 민요 가락인 3음보율을 바탕으로 잊혀져가는 시어들을 적절히 사용하고 있다. 싸릿대, 소쿠리, 불쏘시개, 부지깽이, 여물통 등 언어의 조화, 감각적인 분위기가 풍경화를 보듯이 선명한 이미지를 창출해 내고 있다. 이 시의 절정은 부뚜막 위의 야옹이를 부엌의 정경 속에 등장시키면서 무생물의 사물들과 살아있는 생명체를 어울리게 배치한 점이다. 부엌에서의 생활을 체험한 사람만이 발견할 수 있는 세심한 관찰력과 차분한 여성적 어조가 돋보이는 우수작이다.

곱디 고운 삼베옷
곡선이 고운 버선발
마중 나온 꽃마차

빈 달구지의 워낭 소리
이승의 굴레 벗고 하직하라고
저 산을 부른다
북풍은 갈 길을 재촉하고
부스럭거리는 가랑잎
고요한 바람에도 생채기 나는 속내
소쩍새 울음소리 애절하다
척박한 땅 두절된 마음 눈이 내리고
갈망과 참회를 가슴에 묻는다
「워낭 소리」

 제목의 워낭은 마소의 목에 거는 방울을 가리키는 단어로, 현대에는 보통 트랙터를 이용하여 농사를 짓기 때문에 보기 드물다. 소로 농사를 짓는 시골에서나 볼 수 있는 방울 소리이다. 이 작품에서 워낭소리는 북풍, 가랑잎, 애절한 소쩍새 울음 소리와 함께 이승의 굴레를 벗고 하직하라는 슬프고 그리운 영혼의 울림을 표현하고 있다. 이 영혼의 울림은 갈망과 참회의 시간을 거쳐서 나온 맑은 감성의 소리이다. 빈 달구지의 워낭 소리 하나로 일상의 시공간을 고요히 열어가는 시인의 상상력은 이승과 저승의 공간을 아우르는 소리로 연속성을 확보하고 있다. 사라지면서 사람들 마음 속에 여음으로 남는 워낭소리는 시적 상상력만이 발견할 수 있는 내면의 통로이다. 이 시는 조용한 여성적 어조로 호소력과 영혼의 울림을 구축해 가는 작품이다.

앞마당에 내려앉은 봄
가지런한 마당 건드려
흙냄새 미풍에 너울거린다
분명 훈풍인데
나는 시리다고 한다
발목에 달린 천근의 세월
희미해 가는 등불
칠흑 같은 어둠 밝히는 호롱불 부러워하며
열정은 쭉정이를 닮아 간다
훤한 달빛 닮고 싶은 앙상한 어깨
그믐달이 먼저 올라 앉았다

「그믐달」

　이 작품은 시어와 일상어의 자연스러운 결합을 통해 전통적인 서정성을 보여주고 있다. 최인자의 「그믐달」은 서정주의 「동천」을 연상시킨다. '내 마음속 우리 임의 고운 눈썹을/ 즈믄 밤의 꿈으로 맑게 씻어서/ 하늘에다 옮기어 심어 놨더니/ 동지섣달 날으는 매서운 새가/ 그걸 알고 시늉하며 비끼어 가네'의 이미지와 유사하다. 찬 겨울 하늘에 떠오른 달과 그 달을 비껴가는 한 마리 새의 정경을 순간의 시선으로 포착하고 있는 서정주처럼 그믐달과 달빛 닮고 싶은 앙상한 어깨를 포착하여 달과 어깨, 천상과 지상을 유영하는 시인의 정신의 폭을 차분한 여성적 어조로 보여주고 있다. 시인의 상상력은 달빛을 닮고 싶은 어깨 위에 그믐달이 먼저 올라앉는 정경으로 그려내고 있다. 궁극적으로 인간의 어깨는 우주의 달이 되고 생명과 우주, 시간과 공간이 확대되는 시 세계를 보여주는 수작(秀作)이다.

최인자 시인의 우수성을 보여주는 또 다른 작품은 사랑과 꽃의 시학을 담고 있는 작품들이다. 복수초, 들꽃, 채송화, 수국 등의 꽃 소재 작품에서 순수시의 극치를 보여주고 있다. 그의 시가 많은 시간이 지나도 독자들에게 큰 울림을 줄 수 있는 것은 자연과 인간 사랑의 조화를 그리고 있다는 것이다. 최인자 시인은 섬세한 우리말 어휘를 잘 고르고 작가의 언어적 감각에 의해 우리말의 아름다움이 잘 드러내는 특징을 가지고 있다. 특히 시인에게 꽃, 달, 바람과 같은 자연물은 심미적 대상이면서 동시에 인간의 마음을 유추해 낼 수 있는 소재이기도 하다.

'벼랑 끝에서 잡은 바깥 세상/ 하얀 치마 폭에 노란 꽃물 들이며/ 오가는 사랑 먹고 삭풍을 견디네 「복수초」'

'후미진 산자락에서/ 외로움 달래는 고고한 몸짓/ 겹겹이 쌓인 나이테에 짙은 여운 새기며/ 단아한 이슬 방울 들꽃으로 피었네/ 왕실의 화려한 꽃도/그 향기 알아채고 뒷걸음질하네 「들꽃」'에 스며있는 정서는 섬세하고 조용한 관조적인 자세이다.

최인자 시인의 작품에 바탕이 되는 이러한 기본 자세는 그의 세계관에서 기인한다. 정수유심 심수무성 (靜水流深 深水無聲), '고요한 물은 깊이 흐르고 깊은 물은 소리가 나지 않는다는 세계관은 그의 삶을 이끌어가는 기본 자세이다. 물은 만물을 키워주는 근원이지만 자신의 공을 내세우지 않는다. 남과 다투려 하지 않으며 진실로 속이 꽉 찬 사람은 자신을 드러내지 않는다. 이러한 성품으로 살아온 시인의 삶이 그의 작품과 무관하지 않다. 마음이 넓고 깊은 사람은 자신의 재주를 소리 내지 않으며 조용한 침묵 속에 오히려 참된 가치와 의미를 담아낸다.

그의 작품은 고요한 물은 깊이 흐르고, 깊은 물은 소리가 나지 않듯 큰 소리로 외치지 않으면서 고요함 속에서 참 의미를 보여주고 있다. 차분한 여성적 어조로 영혼의 울림을 구축해내는 것이 그의 시세계의 특징이다.

첫시집 『소녀의 첫사랑』 출간을 축하하며, 순수한 서정과 섬세한 감성이 주는 맑은 영혼의 울림을 그의 시 속에서 만나기 바란다.